Hidup Daniel sebagai Pemain Game

Lionel Thomas

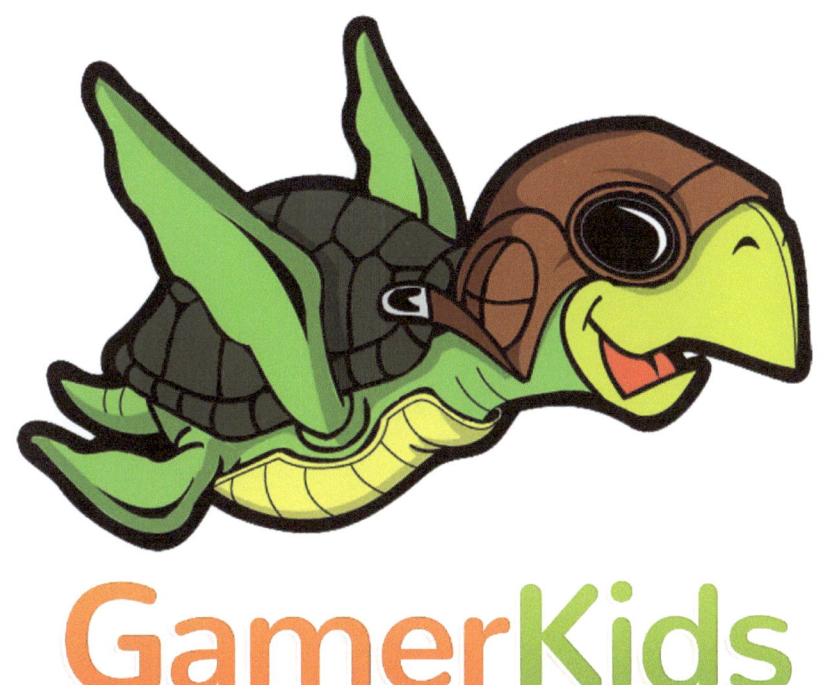

www.GamerKids.com.au

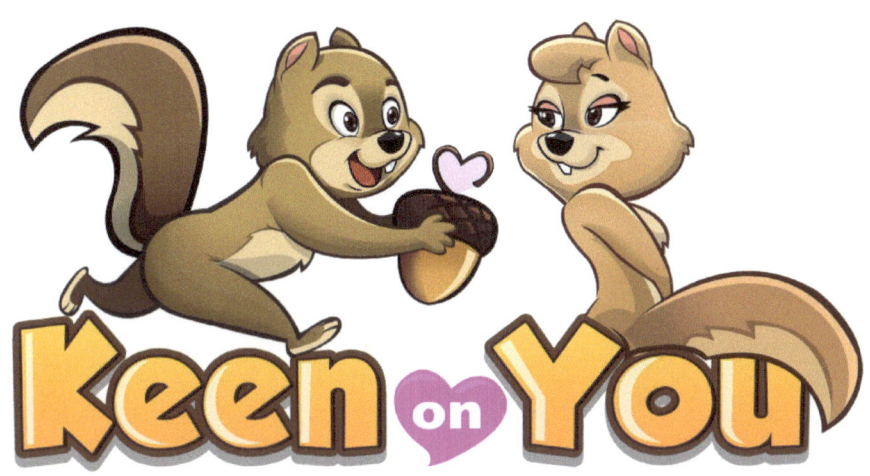

Hidup Daniel sebagai Pemain Game

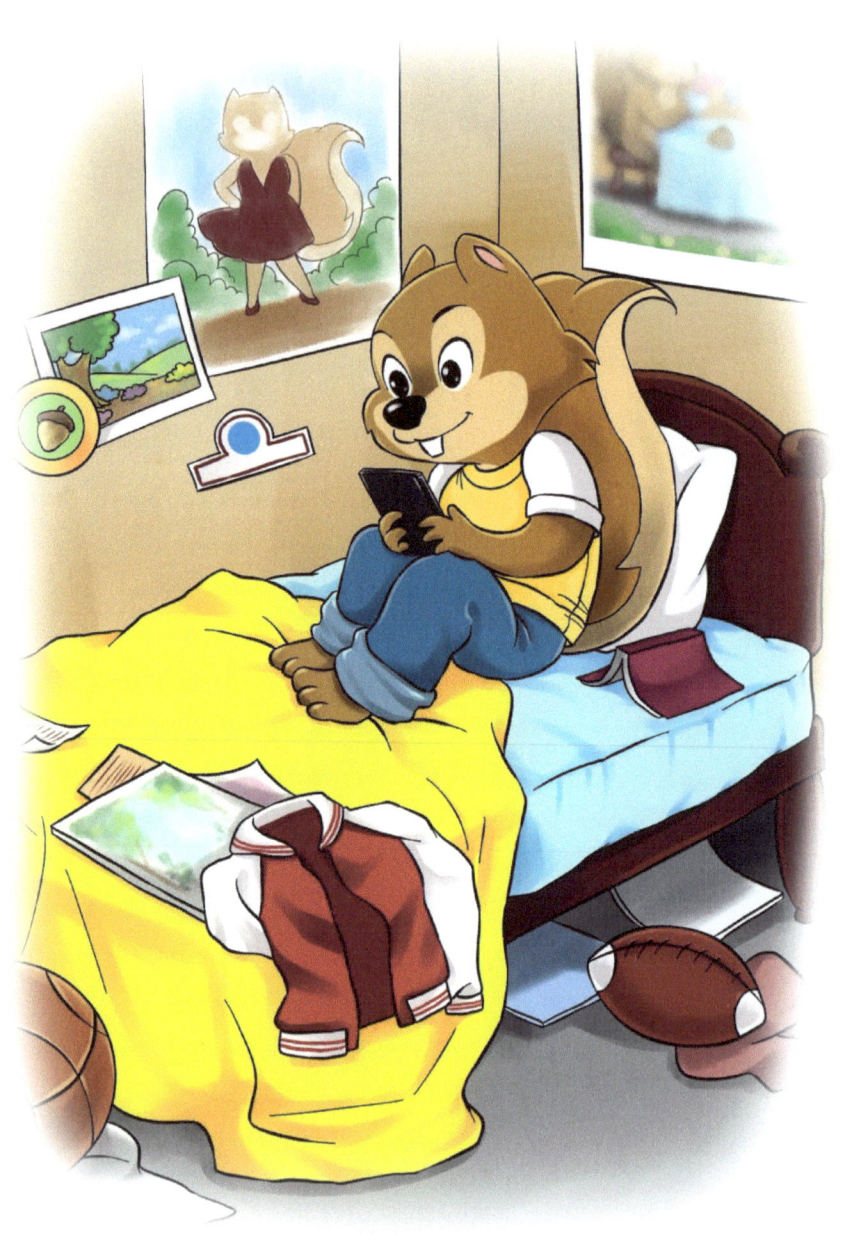

Sejak Daniel si tupai,

Mendapatkan ponsel barunya,

Ia tidak lagi bertemu dengan teman-temannya,

Ia hanya berkutat di zona game.

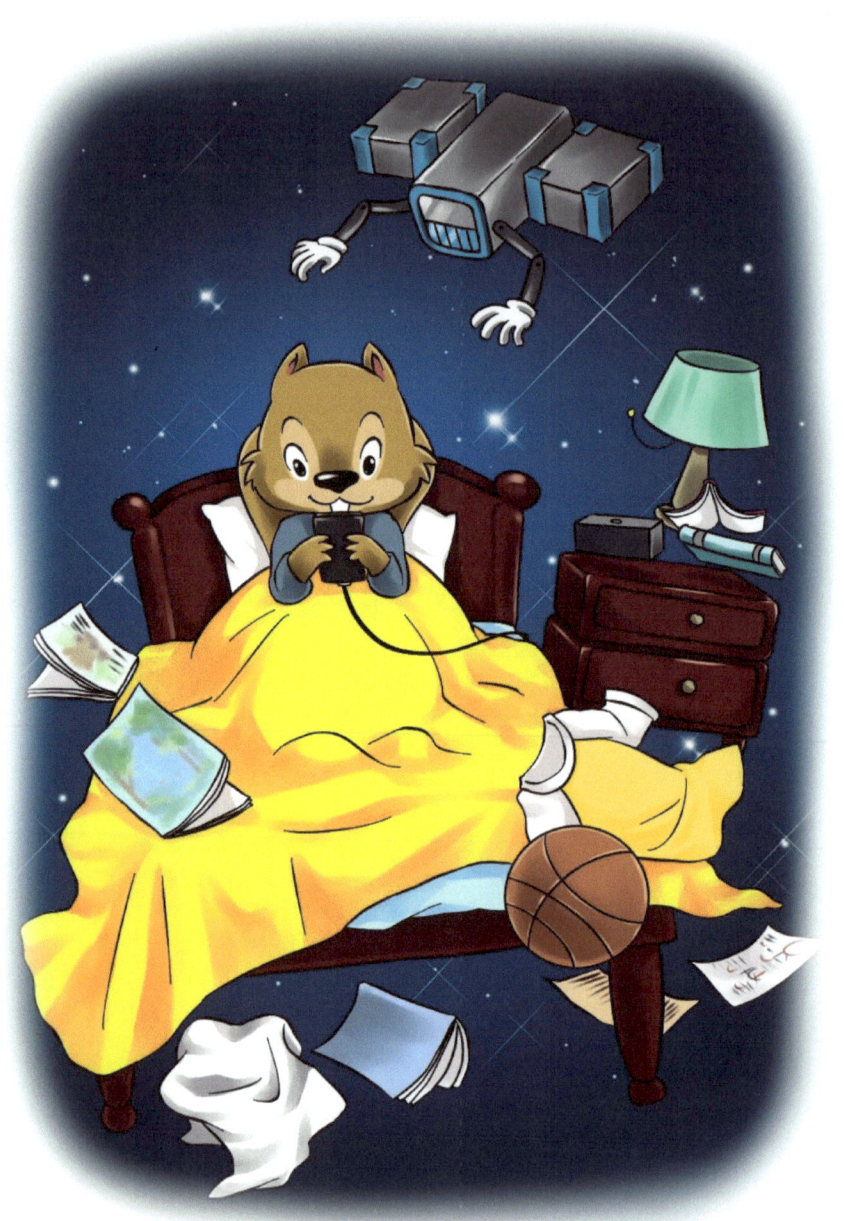

Ia terus mengumpulkan koin emas,

Dan menjadi astronot di ruang angkasa,

Ponselnya bekerja sepanjang waktu,

Tiap hari dan tiap malam, untuk jaga-jaga.

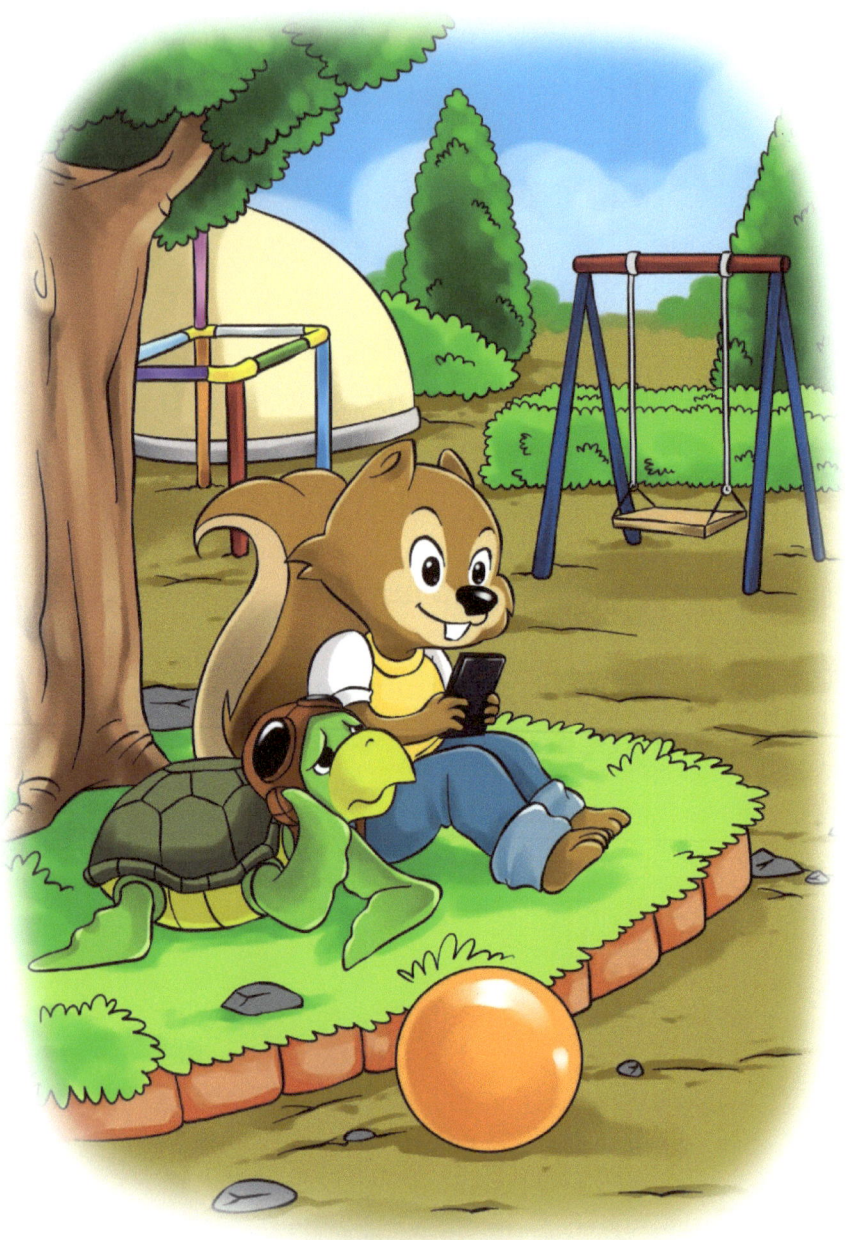

Tiap kali Karl datang untuk bertemu dengannya,

Daniel bahkan tidak melihatnya,

Ia hanya main game sementara Karl menunggu,

Lihatlah pasangan teman yang lucu ini!

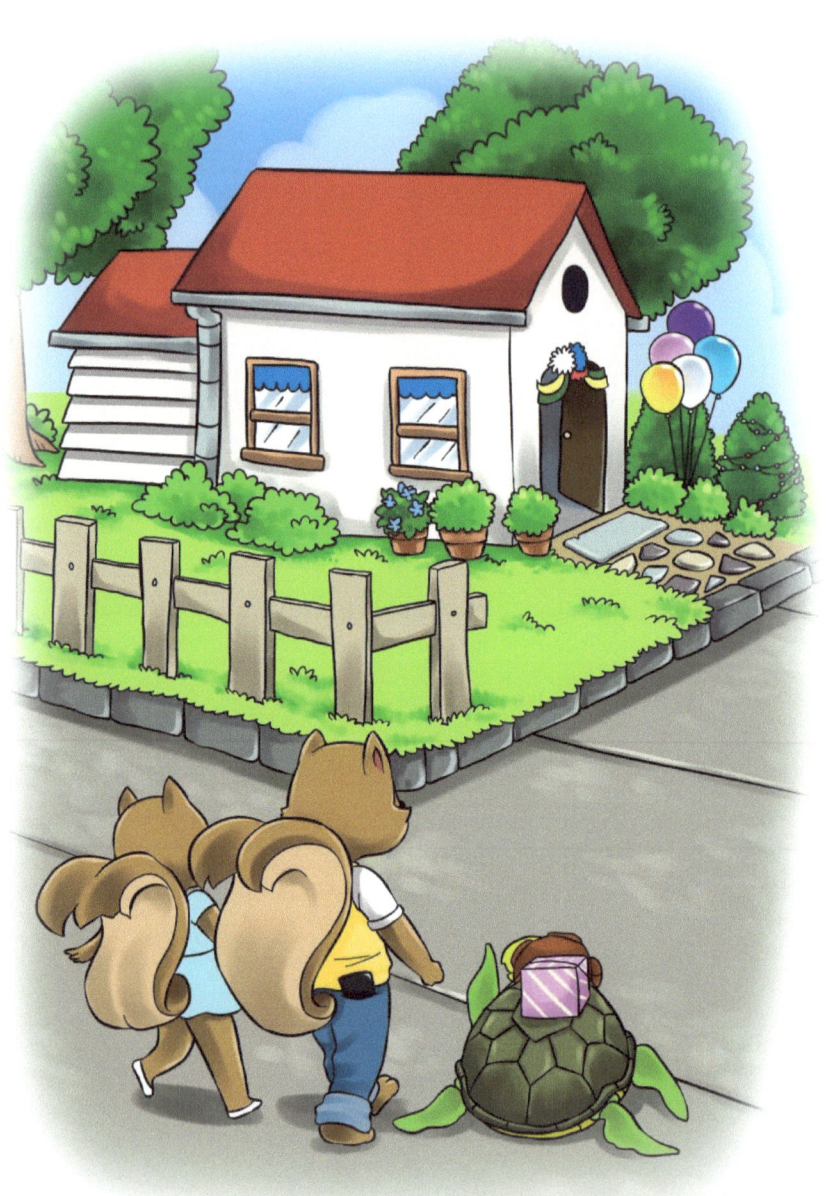

Di suatu hari yang cerah, semua tupai,

Bersiap-siap pergi,

Ke pesta ulang tahun John yang ketujuh,

Dengan kue dan pertunjukan sulap!

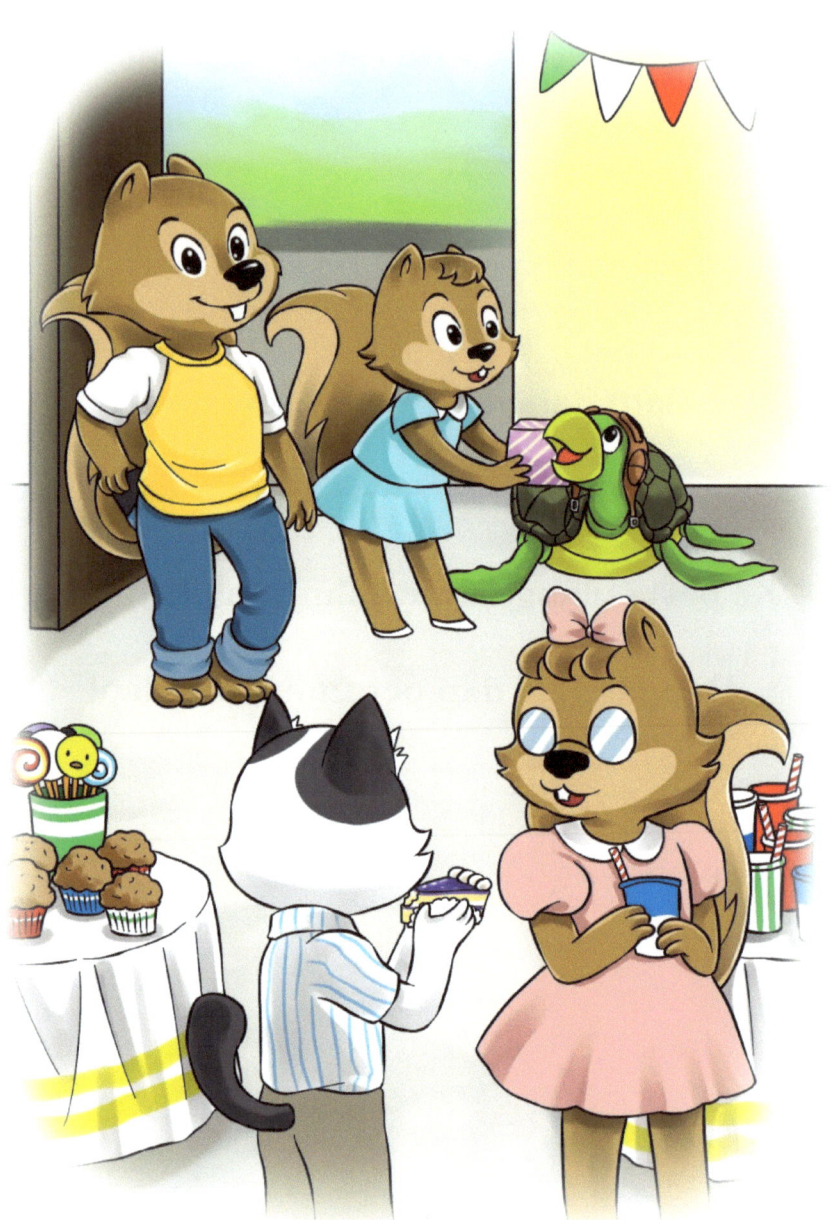

Daniel pergi dengan temannya Karl,

Dan juga Alisha, adiknya,

Semua tupai kecil ada di sana,

Sungguh keramaian yang seru!

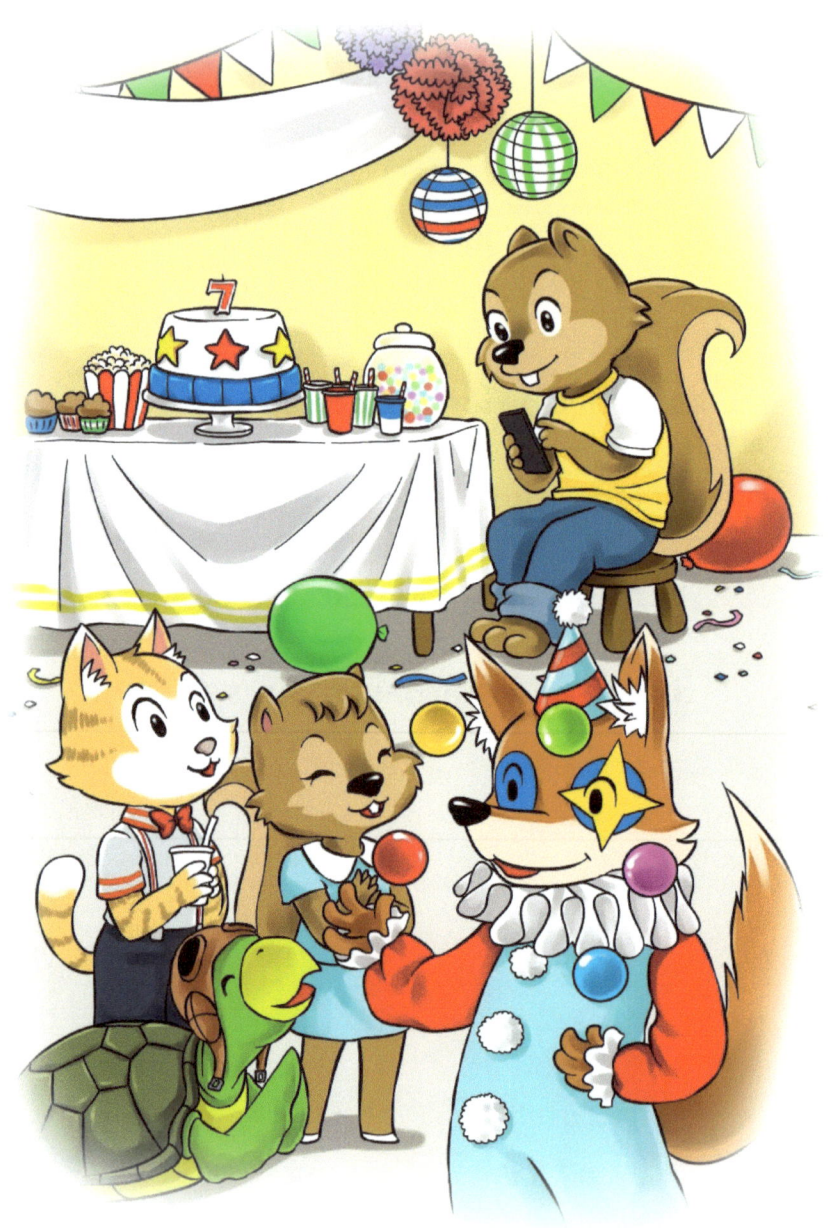

Kemudian, Daniel mengeluarkan ponselnya,

Dan mulai bermain game,

Selagi yang lain bermain petak umpet,

Bagi Daniel, itu sama saja.

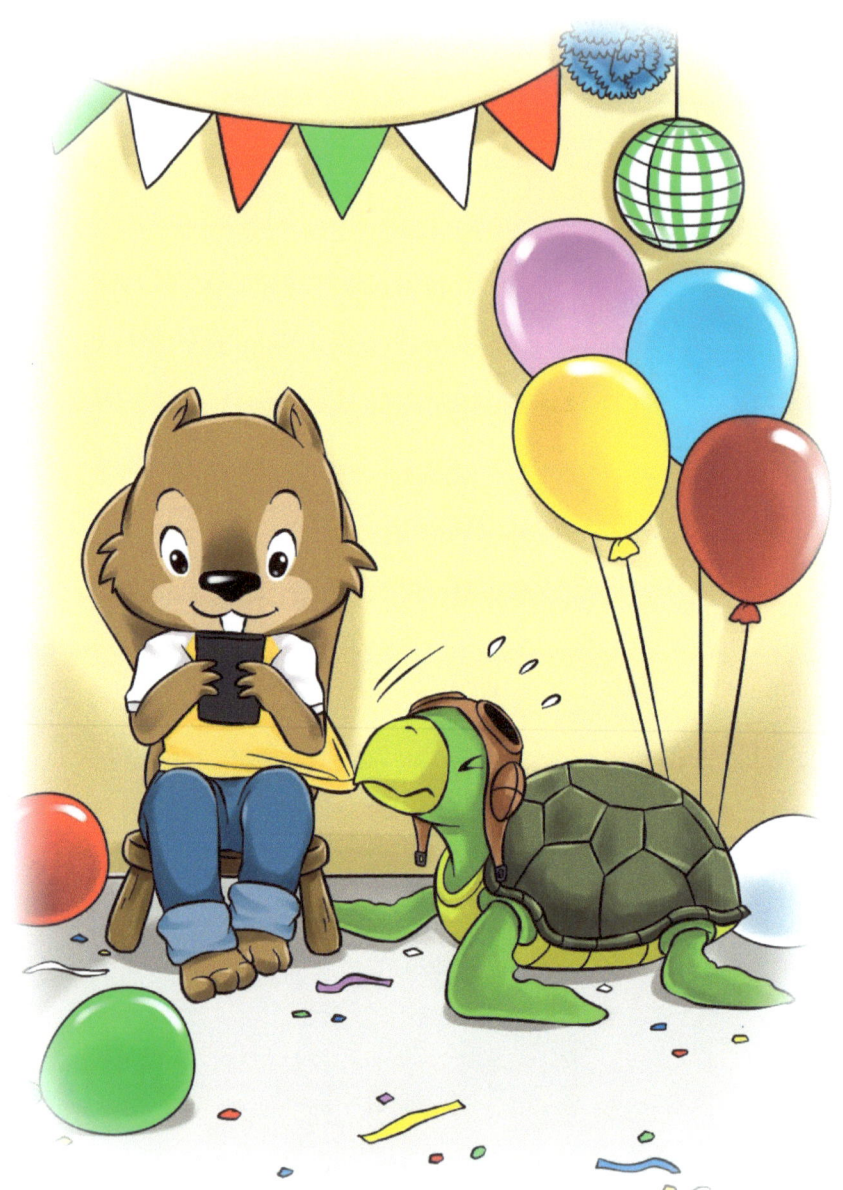

Karl memintanya untuk bermain bersama,

Saat ia melihat apa yang terjadi,

Daniel tenggelam dalam dunianya,

Ia sama saja seperti tidak di sana.

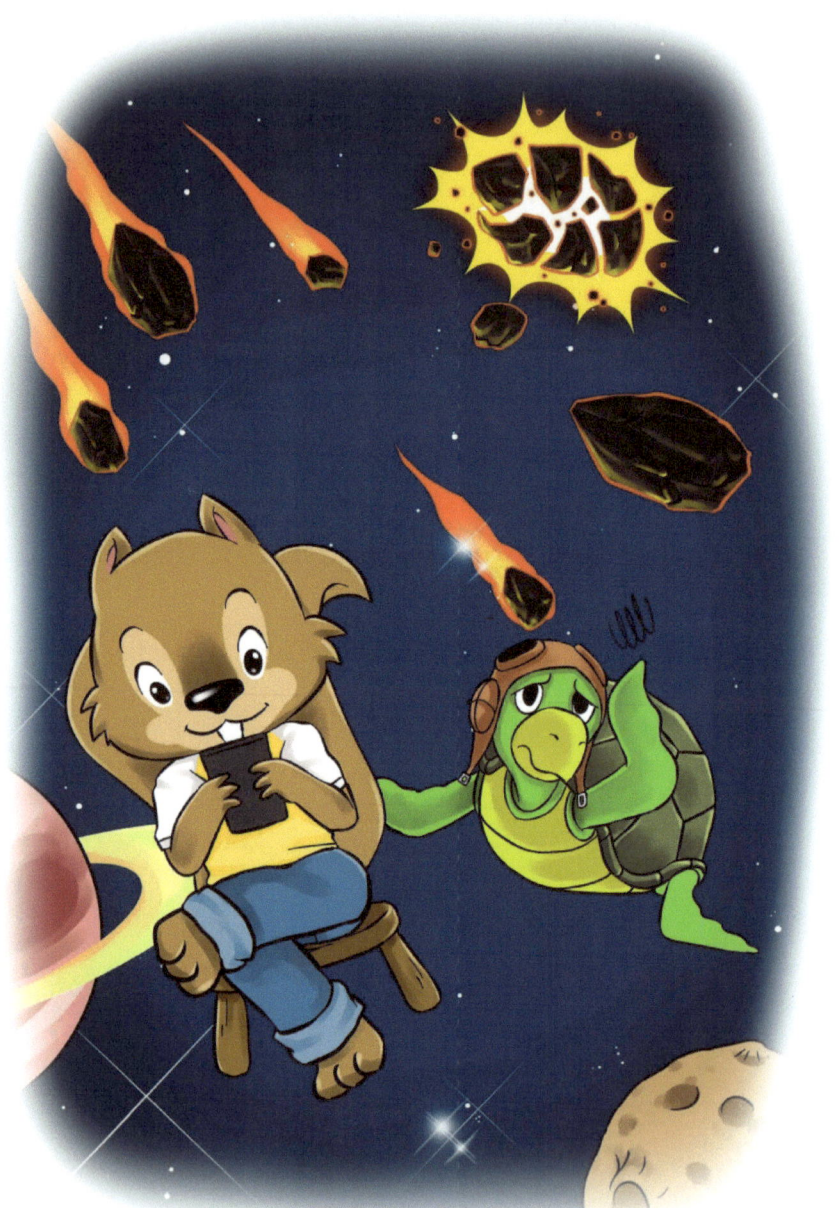

Ia hanya melihat dunia mayanya,

Dan tidak mendengar apa yang dikatakan Karl,

Ia membuat suara-suara dengan mulutnya,

Dan tanpa mendongak, ia menggelengkan kepala.

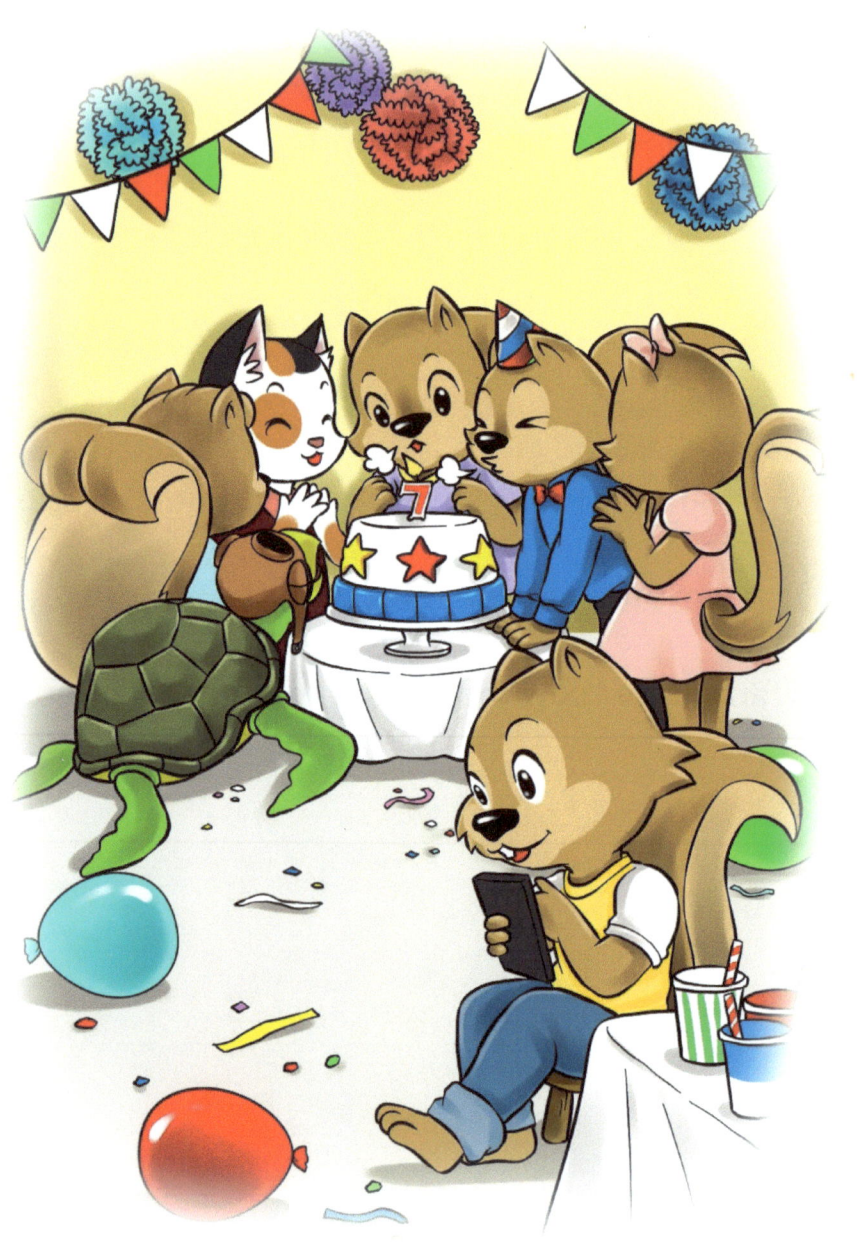

Saat waktu potong kue tiba,

Semua tupai berkumpul bersama,

Daniel masih memainkan game-nya,

Dan ia tidak dapat ditemukan di mana-mana.

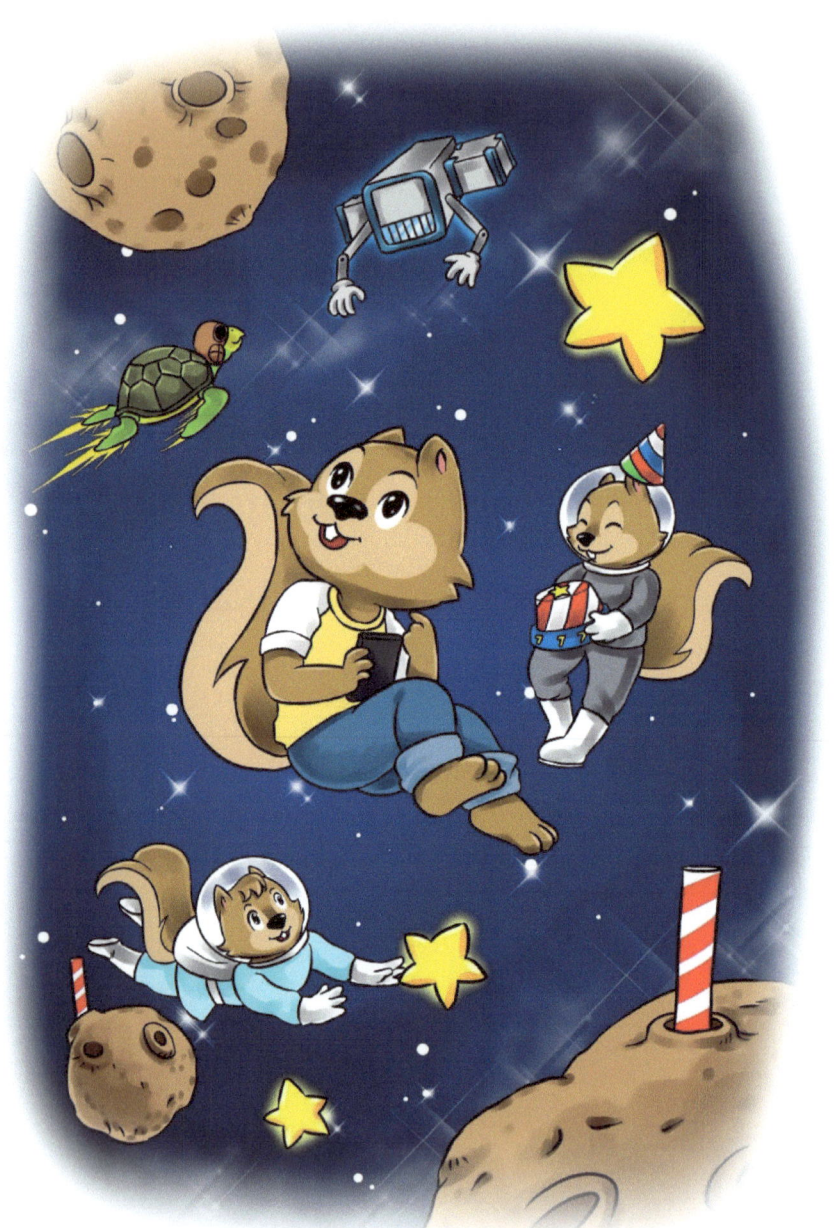

Kemudian tiba-tiba, ia mendongak,

Ia tidak dapat mempercayai matanya!

Di sekitarnya ada planet dan bintang-bintang,

Ia ada di ruang angkasa, tinggi di atas langit!

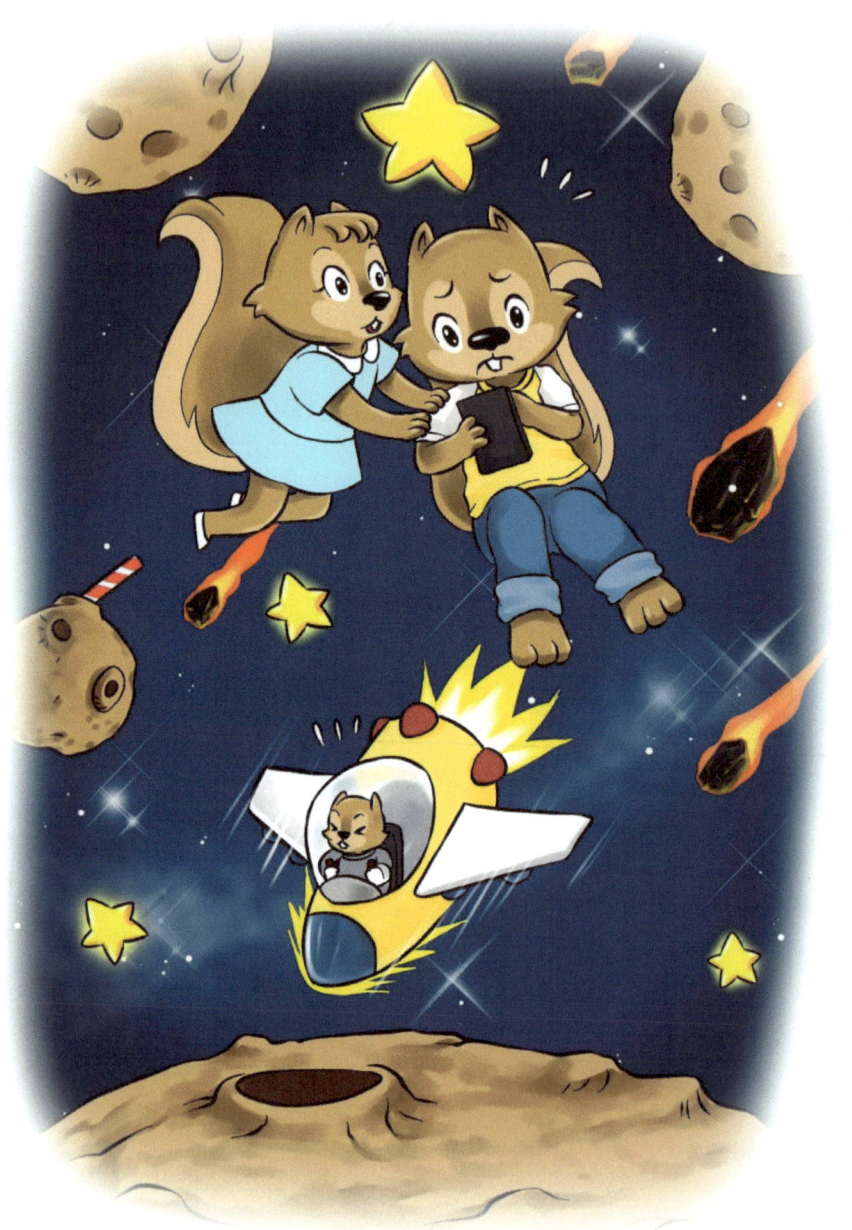

Dengan pesawat ruang angkasa di hadapannya,

Alisha datang dan menjabat tangannya,

"Oh tidak, Alisha! Apa yang kamu lakukan?!"

Ia berteriak. "Aku akan menabrak daratan!"

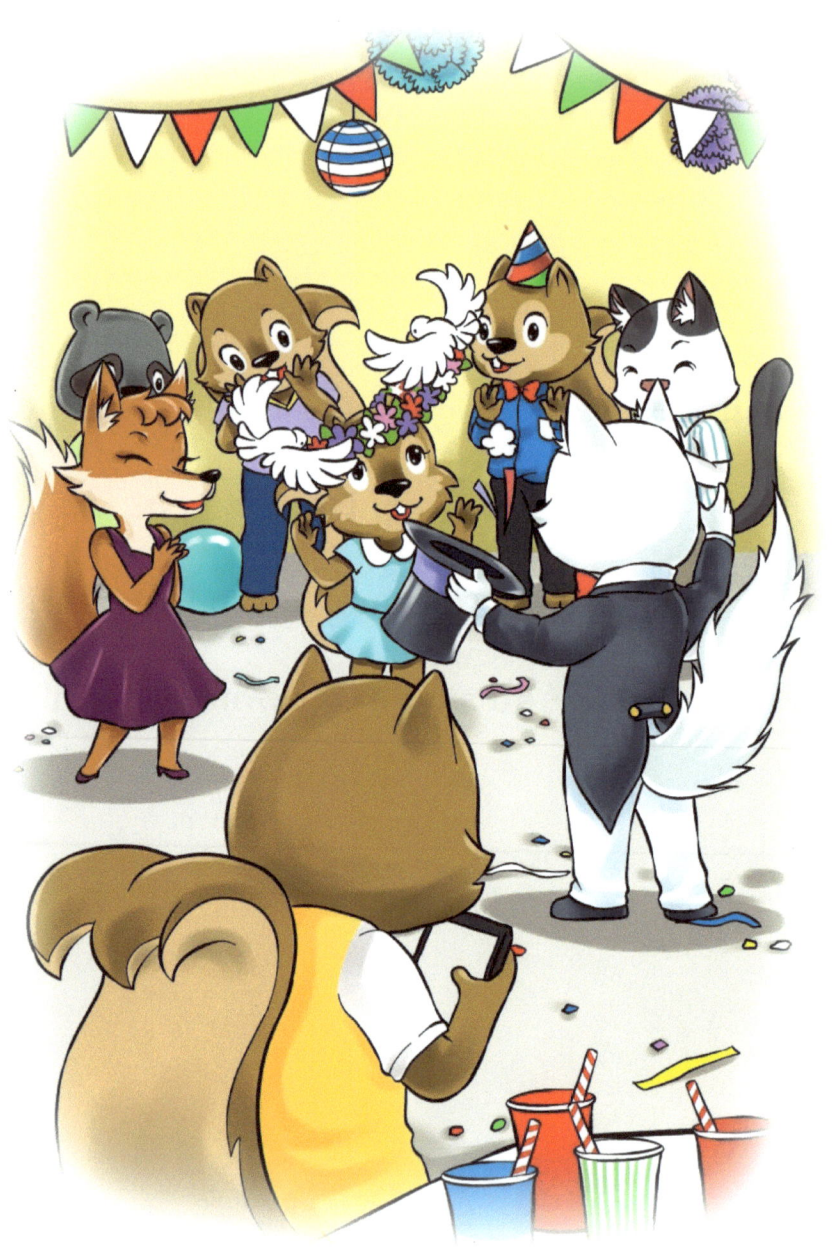

Bahkan saat pertunjukan sulap,

Ia yang sedang menjadi astronot terbang di angkasa,

Ia ketinggalan semua keseruan, permainan dan kesenangan,

Ia bahkan ketinggalan lomba balap tiga kaki!

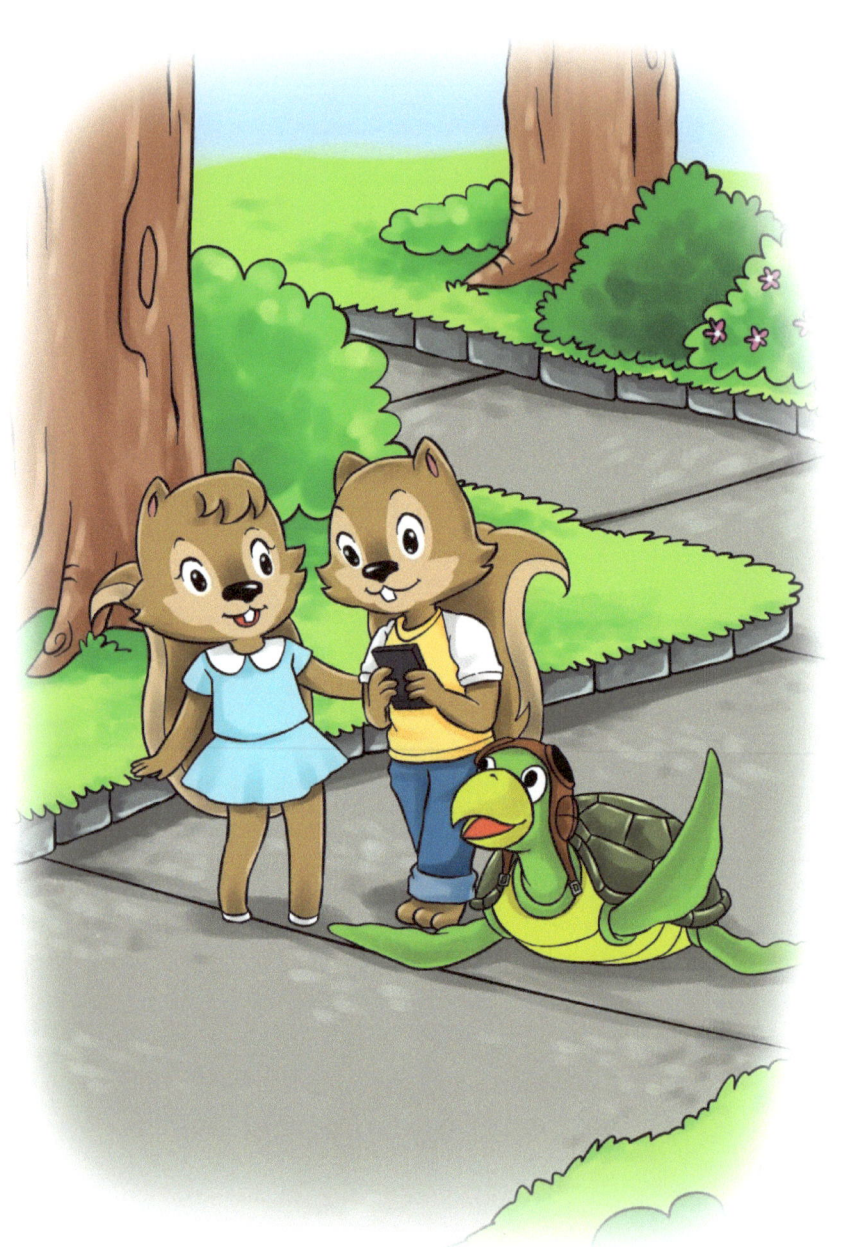

Kemudian, waktunya pulang tiba,

Alisha dan Karl membawa Daniel pulang,

Ia masih belum melepaskan ponselnya,

Tenggelam di ruang angkasa, ia ingin
menjelajah.

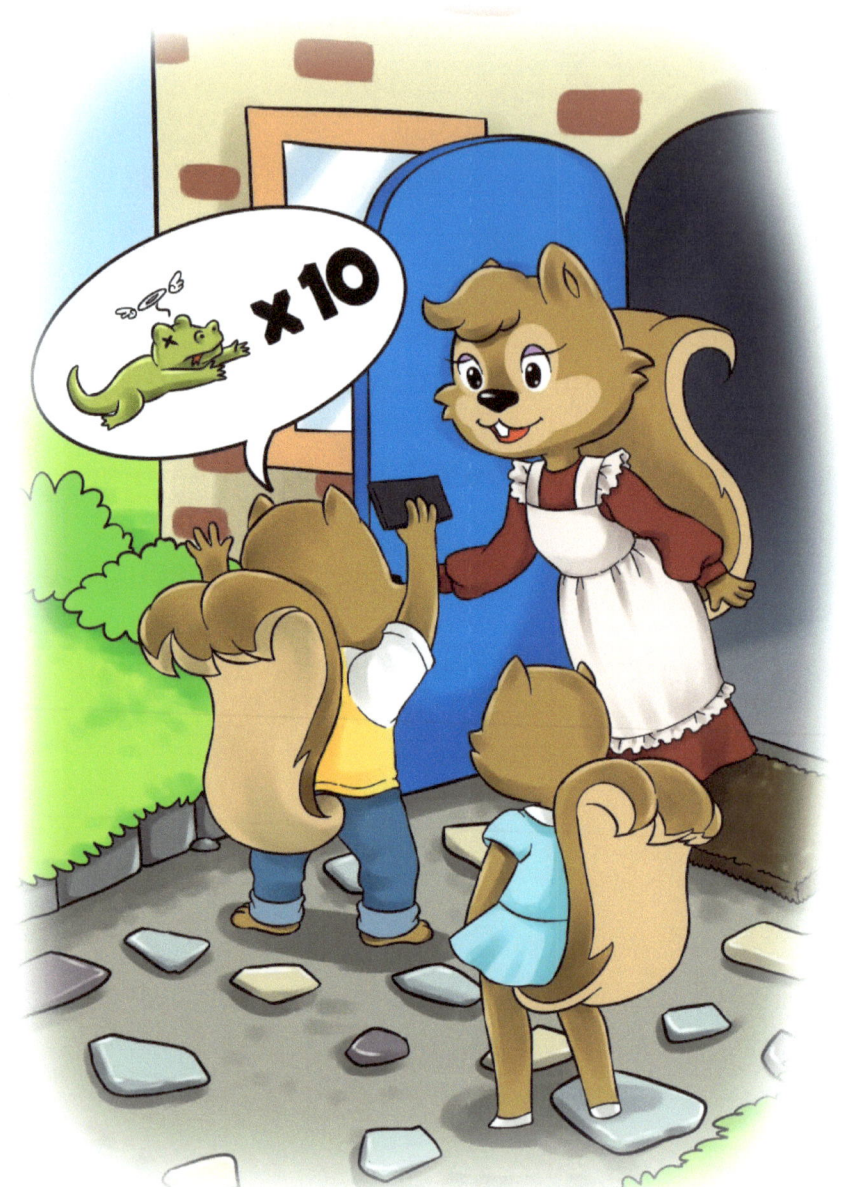

Begitu sampai di rumah, Ibu membuka pintu,

"Anak-anak, bagaimana tadi? Apakah kalian
bersenang-senang?"

Daniel berteriak . " Lihat skor saya !

Aku meledakkan sepuluh alien Mum "

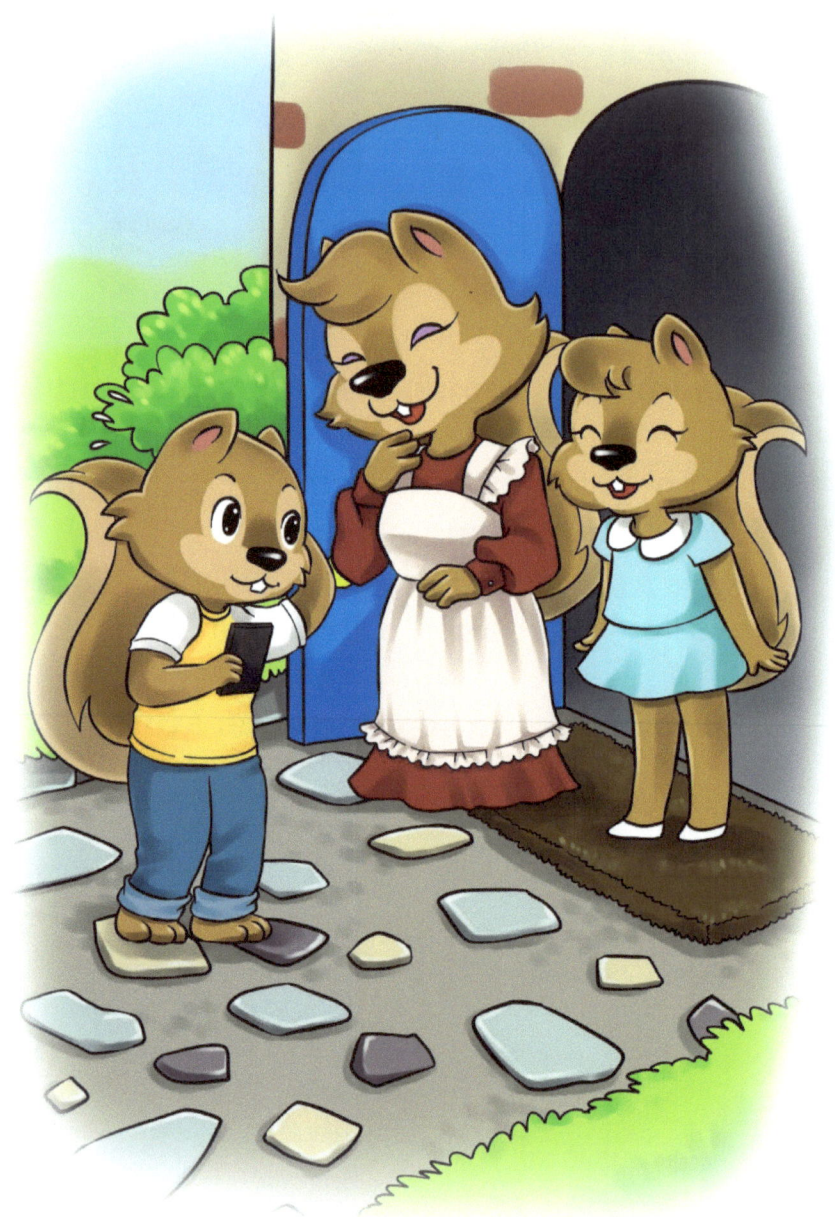

Ibu bertanya "Apa maksudmu?"

"Aku ada di ruang angkasa!" Daniel berkata jelas.

Alisha dan ibunya mulai tertawa.

"Tidak, kamu ada di pesta John, sayang."

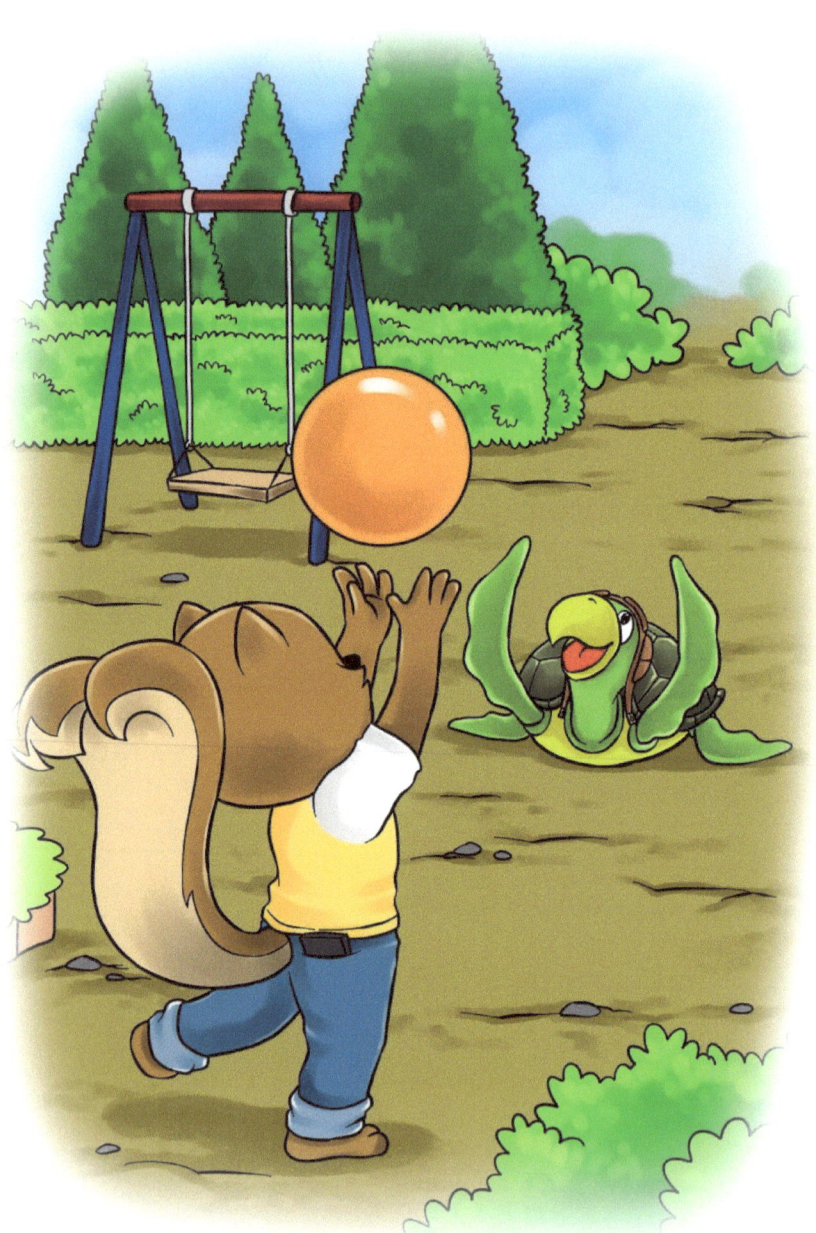

Daniel melihat ke arah mereka dan pada
ponselnya,

Yang membuatnya ketinggalan semua
kesenangan,

Saat itu juga ia memahami dan memutuskan,

Untuk mengurangi bermain game dan
melakukan lebih banyak hal.

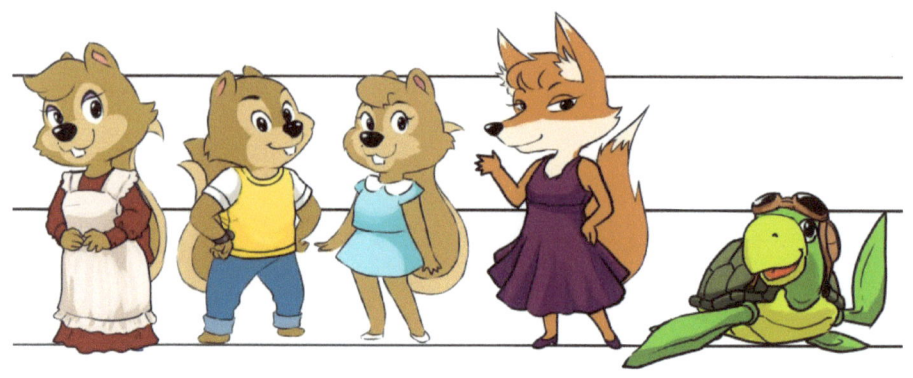

DIPERSEMBAHKAN UNTUK ANAK BAPTIS DAN KEPONAKAN-
KEPONAKANKU

DANIEL, ALISHA & ELOISE

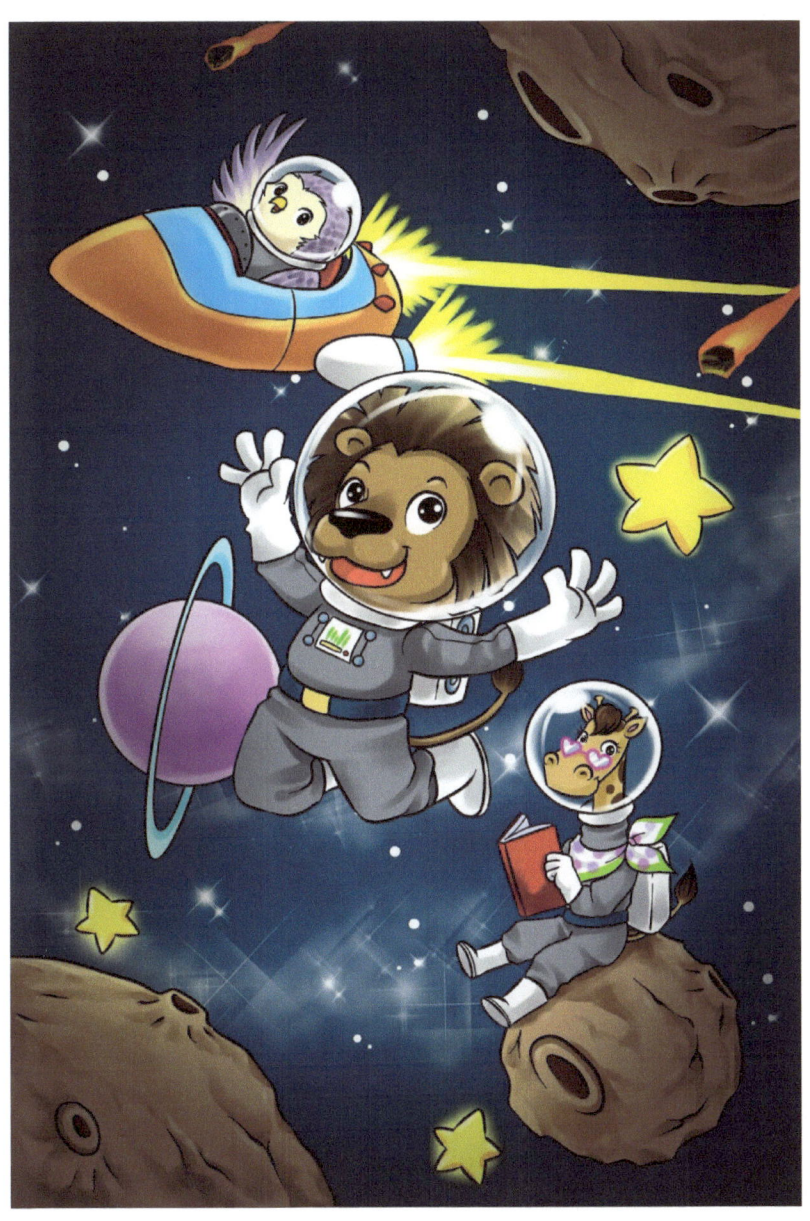

PENGARANG: **LIONEL THOMAS**

ILUSTRATOR: **ROY WIBOWO**

PENULIS: **ANDREA GENCHEVA**

PENERJEMAH: **DINNA WINEDAR**

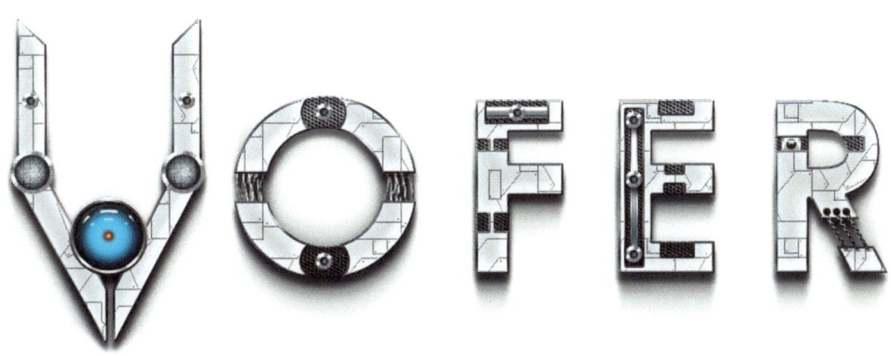

Hak Cipta © 2015 oleh VOFER PTY LTD

P.O. Box 7283, East Brisbane, QLD 4169, Australia.

www.Vofer.com.au

www.ingramcontent.com/pod-product-compliance
Lightning Source LLC
Chambersburg PA
CBHW040927180526
45159CB00002BA/637